NUEVOS IDIOMAS, NUEVOS AMIGOS

Por Don Aker

ELL
English Language Learners

CELEBRATION PRESS
Pearson Learning Group

Contenido

Los idiomas abren puertas

En el mundo se hablan más de 6,000 idiomas. ¿Cuántos idiomas hablas tú? Si sólo hablas un idioma, nada más podrás conversar con personas que sepan ese mismo idioma.

Aprender un segundo o tercer idioma te ayudará a entablar amistades con más gente. Puede que algún día quieras visitar o vivir en un lugar donde la gente hable otro idioma. Aprender otros idiomas puede abrir las puertas a muchas oportunidades nuevas.

Hay muchas maneras de decir "hola".

Haz amistades

Probablemente hayas escuchado a otras personas hablar un idioma que no es el tuyo. Puede haber sido en la escuela, en una tienda o en la calle. Tal vez tus padres o abuelos hablen otro idioma. Puede que conozcas personas de otros países. Muchos **inmigrantes** se mudan a un país donde la gente usa un idioma diferente al que ellos hablan.

Los cinco idiomas más hablados

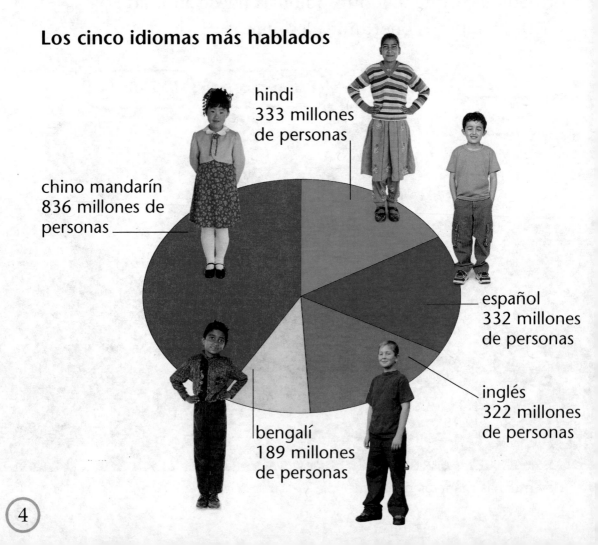

chino mandarín
836 millones de personas

hindi
333 millones
de personas

español
332 millones
de personas

inglés
322 millones
de personas

bengalí
189 millones
de personas

Puede que un niño de otro país venga a vivir al tuyo y no hable tu idioma. Puede que tú te mudes a otro país cuyo idioma no hables. Tanto tú como el otro niño tendrían que aprender un nuevo idioma.

Trata de hacer amistad con alguien que hable otro idioma. Pídele que te enseñe algunas palabras. Podrías aprender a decir un cuento o un chiste. También puedes enseñar a tu amigo palabras en tu idioma. Compartir palabras puede ayudarlos a trabajar y jugar juntos. Las vidas de ambos se harán más interesantes a medida que se conozcan mejor.

Puedes hacer amistad con niños que vivan en otros países. Los niños en estas páginas son de muchos países diferentes. Algunos pueden tener apariencias, ropa o comportamientos distintos de los tuyos y los de tus amigos, pero te sorprendería saber cuánto tienen en común. ¿Con cuál de estos niños compartes algunos de tus intereses?

Levi
País: Canadá
Idiomas: inuktitut e inglés
Disfruta: los autos de juguete, el hockey sobre hielo, las matemáticas, las computadoras

Canadá

AMÉRICA DEL NORTE

N
O · E
S

OCÉANO ATLÁNTICO

OCÉANO PACÍFICO

AMÉRICA DEL SUR

Argentina

Carlitos
País: Argentina
Idioma: español
Disfruta: montar a caballo, montar bicicleta, pescar, jugar con su modelo de auto de carreras

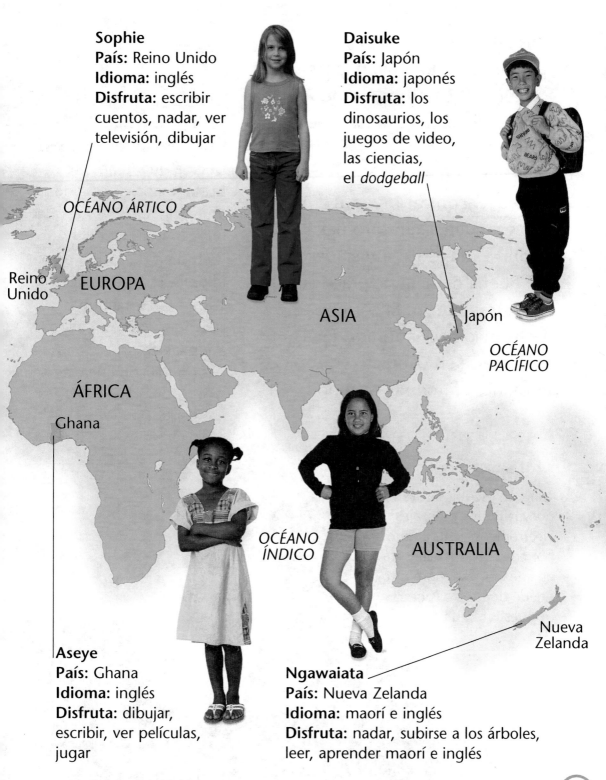

Sophie
País: Reino Unido
Idioma: inglés
Disfruta: escribir
cuentos, nadar, ver
televisión, dibujar

Daisuke
País: Japón
Idioma: japonés
Disfruta: los
dinosaurios, los
juegos de video,
las ciencias,
el *dodgeball*

OCÉANO ÁRTICO

Reino
Unido

EUROPA

ASIA

Japón

*OCÉANO
PACÍFICO*

ÁFRICA

Ghana

*OCÉANO
ÍNDICO*

AUSTRALIA

Nueva
Zelanda

Aseye
País: Ghana
Idioma: inglés
Disfruta: dibujar,
escribir, ver películas,
jugar

Ngawaiata
País: Nueva Zelanda
Idioma: maorí e inglés
Disfruta: nadar, subirse a los árboles,
leer, aprender maorí e inglés

No necesitas viajar para hacer amistades en otros países. Si aprendes otro idioma, puedes escribir a otros niños en todo el mundo. ¿Qué te gustaría saber sobre ellos?

Pide a tu maestro que te ayude a encontrar un amigo por correspondencia en otro país. Escribir cartas a tus amistades es una buena manera de practicar un idioma nuevo. El correo electrónico hace aún más fácil mantenerse en contacto con amistades en todo el mundo.

Sugerencia sobre idiomas

La Internet tiene sitios Web para **traducir** palabras a otros idiomas. Decide qué idioma te gustaría aprender. Pide a un adulto que te ayude a encontrar un buen sitio Web para traducir a ese idioma. Escribe en la computadora algunas palabras y frases. Luego anótalas en un cuaderno para poder practicarlas con tus amigos y familiares.

Trata de escribir las frases nuevas en tus mensajes electrónicos. Si tu amigo por correspondencia está en línea en ese momento, puede que recibas una respuesta rápida.

Algunas escuelas y pueblos tienen programas especiales para relacionar personas en todo el mundo. Estos programas se llaman ciudades hermanas, escuelas hermanas o pueblos gemelos. Por lo general, tienen sitios especiales en la Internet donde las personas se pueden enviar correos electrónicos. Puede que tu ciudad tenga una ciudad hermana al otro lado del mundo. Puedes pedir a un adulto que te ayude a usar la Internet para averiguar más.

Expresiones útiles

¿Cómo se dice "¿cómo estás?"?

Idioma	Expresión	Pronunciación
inglés	*How are you?*	jáu ar iú
italiano	*Come sta?*	come está
francés	*Comment ça va?*	comán sa va
japonés	お元気ですか	o-jen-ki-des-ká

Aprende acerca del mundo

Aprender otro idioma te puede ayudar a explorar una **cultura** diferente. Tu propio barrio podría ser un buen lugar para empezar. Es probable que cerca de tu casa haya un lugar que sirva comidas de otros países. Puedes aprender algunas palabras con sólo leer el menú. Saber algunas de estas palabras te pueden ayudar a escoger nuevas comidas.

roast beef
plato inglés de carne

aloo baigan
plato hindú al curry

paella
plato español de arroz

寿司 (sushi)
plato japonés de arroz y mariscos

Intenta ordenar tu comida en otro idioma. Los camareros te pueden ayudar. Pídeles que te digan los nombres de los platos en ese idioma. No te preocupes si cometes errores. La gente estará feliz de que tú hagas el intento de hablar su idioma.

menú en francés

Puedes aprender muchas palabras nuevas sobre comidas con sólo leer un menú.

También puedes aprender sobre culturas diferentes si visitas una biblioteca o una librería. Busca libros y revistas en otros idiomas. Escoge un libro sobre algo que te interese de otra parte del mundo. Si conoces un poco el idioma, podrás leer algo del libro. También podrás aprender palabras nuevas si usas las ilustraciones como guía.

Hojea un libro en otro idioma para aprender palabras nuevas.

inglés

francés

japonés

alemán

Ve programas de televisión y películas de otros países. También puedes escuchar música en otro idioma. Esto te enseñará sobre otras culturas y te ayudará a aprender palabras nuevas.

Muchas bibliotecas tienen cintas de video o DVDs de películas de otros países. También pueden tener CDs o cintas de audio que enseñen diferentes idiomas. Puedes pedirlas prestadas en algunas bibliotecas.

Escuchar cintas o CDs te puede ayudar a pronunciar, o decir, palabras nuevas.

¿Lo sabías?

Aprender un nuevo idioma puede ser más fácil de lo que piensas. Hay palabras en otros idiomas que se parecen a las del español. Eso se debe a que muchos idiomas que se hablan en la actualidad provienen del latín. Este es un ejemplo.

Idioma	Palabra	Pronunciación
latín	*theatrum*	teá-trum
español	*teatro*	tea-tro
inglés	*theater*	zí-a-ter
francés	*théâtre*	te-a-tre

Puede que algún día quieras viajar a otro país. Puede que veas cosas que no puedes ver en tu país. Los edificios, la música, la comida, el transporte y la gente serán nuevos para ti. Viajar es más divertido cuando puedes hablar un poco el idioma. Así, tú y tu familia pueden hablar con la gente.

Esta familia de la India está de visita en Londres, Inglaterra.

Sugerencia sobre idiomas

Lleva contigo un **libro de frases** cuando viajes a otro país. Un libro de frases te enseñará a decir palabras y frases útiles en ese idioma. Puede ser útil aprender a decir "Me gustaría…" y "¿Dónde está…?".

Expresiones útiles

¿Cómo se dice "Gracias"?

Idioma	Expresión	Pronunciación
inglés	*Thank you*	zán-kiu
italiano	*Grazie*	grát-sie
francés	*Merci*	mer-cí
japonés	どうもありがとう	ari-gato

Tu viaje a otro país puede ser más interesante si haces amistad con personas que vivan allí. Hablar el idioma **local** puede ayudarte a conocer gente. Podrías aprender sobre su vida. La gente podría hablarte acerca de sí misma y de las cosas que les gusta hacer, así como de algunos de los mejores lugares para visitar.

Habla a otros niños en su idioma y podrás aprender nuevos juegos.

15

Viajar también es más fácil cuando conoces un poco el idioma. Podrás comprender las palabras de las señales, lo cual ayudaría a que tú y tu familia no se pierdan. Las señales también los pueden guiar a lugares más interesantes. Si aprendes las palabras que significan "playa" y "parque de diversiones", podrás añadirlas a tu lista de lugares para visitar.

pasaje subterráneo en Turquía

oficina de correos en la República Checa

parque nacional en Australia

restaurante de pescado en España

playa en Canadá

Conocer el idioma puede ayudarte si hay algún problema. Por ejemplo, tú y tu familia podrían perderse. Entonces necesitarían pedir instrucciones. Puede que la gente del lugar no hable tu idioma. Saber aunque sea algunas palabras en su idioma te sería de utilidad. Podrías pedir ayuda a un agente de la policía o a un tendero.

Expresiones útiles

¿Cómo se dice "¿Dónde está...?"?

Idioma	Expresión	Pronunciación
inglés	*Where is...?*	juer-is
italiano	*Dove' è ...?*	dove-é
francés	*Où est ...?*	u-é
japonés	どこ ?	doko deska

Descubre oportunidades

En la actualidad es fácil **comunicarse** con gente de muchos países. Tenemos correo electrónico, teléfonos, mensajes de texto y máquinas de fax. El transporte es más rápido y barato de lo que solía ser. Personas de diferentes países pueden trabajar, estudiar y vivir juntos. Por eso se ha hecho tan importante aprender otro idioma.

Mira un globo terráqueo.
¿Adónde te gustaría viajar
algún día?

Los programas de intercambio ayudan a los jóvenes a aprender un idioma y a hacer amistades.

Puede que algún día quieras vivir en otro país. Cuando tengas más edad, podrías participar en un **programa de intercambio**. Los jóvenes viven con una familia en otro país por un corto tiempo o un año escolar. Pasan tiempo con la familia, hacen amigos y van a la escuela. Es una manera divertida de aprender sobre un país nuevo. Para hacer esto, necesitarías aprender el idioma.

maestra

Muchas personas necesitan saber otro idioma para realizar sus trabajos.

En la actualidad, la gente trabaja a menudo con personas en otros países de todo el mundo. Muchas compañías **emplean** a personas que puedan hablar más de un idioma. Puede que algún día te resulte más fácil trabajar si hablas más de un idioma. Podrías hacer negocios con personas de otros países por teléfono y correo electrónico. Podrías ir a trabajar a otro país.

traductor

pilotos de aerolíneas

Trabajar por el mundo

Hablar otro idioma puede ser útil en muchas profesiones como las que siguen a continuación.

• **Intérpretes/Traductores** Los intérpretes y traductores escuchan hablar a una persona en su propio idioma y luego traducen sus palabras a un idioma que otros puedan comprender.

• **Chefs** Los restaurantes que sirven comidas de diferentes países necesitan a menudo chefs que hablen varios idiomas.

• **Reporteros** A veces los reporteros viajan a otros países para escribir sus artículos. Hallarán más información si puedan hablar con la gente en su idioma.

• **Empresarios** Algunas empresas son **internacionales** y tienen oficinas en muchos países. Las personas que trabajan en ellas viven a veces en países que no son el suyo.

• **Maestros** Los maestros pueden trabajar en diferentes países.

• **Tripulaciones de aerolíneas** Los pilotos y asistentes de vuelo se ocupan de pasajeros en muchos países diferentes.

• **Médicos y enfermeros** Los médicos y enfermeros trabajan en muchos países diferentes.

Aprender otro idioma podría hacer tu vida más interesante en muchos sentidos. Podrías hacer nuevas amistades, y te sería más fácil y más interesante viajar y aprender acerca de otros países. Conocer más de un idioma puede ayudarte a encontrar un trabajo atractivo cuando tengas más edad. ¿Qué nuevo idioma te gustaría aprender primero?

Encuesta de idiomas

Una encuesta es un modo de reunir información sobre la gente. Usa esta encuesta para averiguar qué idiomas hablan tus compañeros de clase. Luego, haz un cuadro para hacer una lista de esos idiomas y de cuántas personas en tu salón de clases hablan cada uno de ellos.

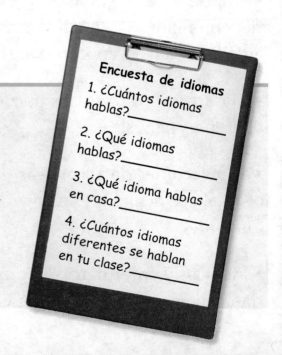

Encuesta de idiomas
1. ¿Cuántos idiomas hablas?_____
2. ¿Qué idiomas hablas?_____
3. ¿Qué idioma hablas en casa?_____
4. ¿Cuántos idiomas diferentes se hablan en tu clase?_____

Glosario

anfitriona   que recibe a huéspedes en su casa

comunicarse   compartir ideas o información con alguien

cultura   el arte, las creencias y las tradiciones de un grupo de gente

emplean   que da trabajo a alguien y le paga por el mismo

inmigrantes   personas que se mudan a otro país

internacional   que incluye personas de más de un país

libro de frases   un pequeño libro de palabras y frases útiles en otro idioma

local   parte de o cerca de un área como un pueblo o vecindario

programa de intercambio   programa en el cual los estudiantes van a vivir y estudiar en otro país

traducir   repetir información en un idioma diferente para que otros la comprendan

Índice

Expresiones útiles

¿Cómo se dice "Adiós"?

Idioma	Expresión	Pronunciación
inglés	*Good bye*	gud-bai
italiano	*Arrivederci*	arrivedér-chi
francés	*Au revoir*	or-vuá
japonés	さよなら	sayonara